LA GRANDE CRISE

ET

LE GRAND TRIOMPHE

D'APRÈS

le Curé d'Ars, l'extatique d'Oria
et Mélanie de la Salette

PAR

VICTOR C*** DE STENAY

Auteur de *l'Avenir dévoilé.*

Tout est perdu !
Tout est sauvé !

PARIS

VICTOR PALMÉ, LIBRAIRE-ÉDITEUR

25, RUE DE GRENELLE-SAINT-GERMAIN, 25

Août 1872

AVIS. — Les documents prophétiques et observations eri-
tiques seront reçus avec reconnaissance.

Adresser les lettres à M. Collin la Herte, rue du Saint-
Cœur, 2, à Vendôme (Loir-et-Cher).

.... Les Catholiques, avertis par l'expérience de l'inutilité des efforts humains pour rendre le repos au monde, ne mettront plus leurs espérances dans les stériles victoires des partis ; mais levant enfin les yeux plus haut que la terre, ils attendront la justice et la miséricorde du seul lieu d'où elles puissent descendre.

Car c'est parce que nous ne croyons pas que les peuples se sauveront eux-mêmes que nous espérons qu'ils seront sauvés ; c'est parce que nous avons connu la fragilité des restaurations telles que les hommes ont su les faire, que nous en attendons une que, heureusement, les hommes ne feront pas. Quand, comment et par qui s'opérera-t-elle? Ceci est encore couvert d'un voile mystérieux, et nous n'avons pas, pour le soulever, la main d'un prophète. Mais avec les seules lumières de la raison éclairée par la foi, on peut dire déjà, sans crainte de se tromper, que cette régénération sera toute miraculeuse, et tellement marquée du sceau de la puissance, que les plus incrédules en seront confondus, que les plus aveugles en seront éblouis. Car il s'agit ici, si l'on peut ainsi parler, de l'intérêt personnel de Dieu, et l'on ne peut douter que le triomphe complet, universel de son Église, ne soit la fin dernière de tout ce que nous voyons aujourd'hui.

Si Dieu avait voulu abandonner la terre aux disputes des hommes, comme dit l'Écriture, s'il ne s'était pas réservé une époque où il régnerait tout à la fois comme Dieu et comme roi, et où s'accomplirait littéralement et visiblement cette parole : « Toute puissance m'a été donnée dans le Ciel et sur la terre, » il n'aurait probablement pas remué le monde jusque dans ses fondements, et tous les pouvoirs humains n'auraient pas été renversés. M. de Maistre l'a dit admirablement : « Si la Providence efface, sans doute c'est pour écrire. » Ce n'est donc point pour atteindre un but vulgaire, pour opérer un changement comme on en a vu, pour mettre une dynastie à la place d'une dynastie, pour donner à un peuple la terre d'un autre peuple, que tant de prodiges se manifestent et se préparent. Il y a dans ces pronostics inaccoutumés, et qu'on nous permette cette expression, dans la solennité de la préparation, quelque chose qui annonce un dénoûment immense !

Quelques chrétiens, qui considèrent seulement notre état actuel, s'abandonnent peut-être à la tentation de croire que ce dénoûment sera celui de toutes choses, et que nous touchons au dernier Jugement. Il est bien vrai que tout paraît se précipiter vers ce terme ; mais si tel était le dessein de la Providence, elle n'aurait qu'à nous laisser aller. Un demi-siècle encore de liberté sans frein, possédé par des hommes sans Dieu, et l'Antechrist trouverait la place prête... Mais si tout n'est pas encore accompli, si, pour retremper ses serviteurs dans la foi et les fortifier pour les derniers combats, Dieu accorde encore quelque durée à son ouvrage, nécessairement une régénération lui est aussi réservée. Or, dans la situation présente de la société chrétienne, bouleversée par les nations qui la composent, trahie par les rois qui la gouvernent, et (malheur plus déplorable !) pervertie et corrompue par les maîtres qui l'instruisent, qui peut la sauver? qui peut la guérir ? ou, pour mieux dire, qui peut la ressusciter, si ce n'est une puissance plus grande que celle de l'homme, plus fort que celle de l'enfer ? Et puisque aujourd'hui on ne veut reconnaître nulle part cette puissance, qu'on la nie quand elle se montre douce et patiente dans les moments de repos qu'elle nous laisse, qu'on la brave quand, plus menaçante, elle se manifeste dans les jours d'orage ; puisque nous paraissons attendre pour fléchir devant elle, qu'armée de toutes ses foudres, elle les épuise sur notre orgueil ; eh bien donc, qu'elle tonne ! qu'elle frappe ! Hélas ! nous l'avons assez mérité...

Le monde ne doit donc plus s'attendre à des châtiments ordinaires ; ceux-là ne le corrigeraient pas. Ses philosophes les lui expliqueraient encore humainement, comme ses savants lui ont expliqué le signe prophétique de Migné. Il faut que le monde apprenne que Dieu a plus que des armées à lancer sur les peuples rebelles, plus que des discordes civiles à leur envoyer; il faut qu'on sache aussi que son souffle, qui féconde les champs, peut aussi bien les dessécher; que la famine, la peste lui obéissent; que la terre tremble à sa voix; que la flamme qu'il allume, l'eau des fleuves ne l'éteint pas, et que les villes infâmes que son feu consume, la main de l'homme ne les relève jamais.

C'est là, nous le sentons profondément, un lamentable moyen de salut, mais c'est le seul, parce que nul autre ne peut à la fois purifier et convertir, et sans ces deux conditions, la régénération serait impossible. Pour qu'elle s'accomplisse, il faut que les hommes, que nulle grâce ne peut émouvoir, que nul châtiment ne peut dompter, disparaissent. Il faut que les hommes qui savent encore écouter la tempête et comprendre la foudre tremblent, se prosternent et adorent.... Dire maintenant si les premiers seront en plus ou moins grand nombre que les seconds, c'est ce qui passe la prévision humaine. Tout ce que peut le chrétien, c'est de prier; tout ce qu'il doit, c'est d'espérer que la miséricorde trouvera encore une riche moisson à faire pendant ce règne de la justice, et que beaucoup de cœurs aujourd'hui criminels, beaucoup d'esprits égarés, éclairés par les châtiments divins qu'ils verront tomber autour d'eux, s'humilieront enfin devant le Juge suprême, et réjouiront le Ciel par leur repentir.

Alors la religion viendra s'emparer de tous ces débris et les rassemblera. Alors ses ministres, debout sur les ruines de l'édifice écroulé, appelleront autour d'eux ceux qui auront survécu à sa chute, et du Nord au Midi, de l'Orient à l'Occident, les hommes accourront à leur voix, leur apportant des douleurs à consoler, des remords à éteindre, des plaies à guérir, mais aussi des actions de grâces à rendre. Au milieu de cette solennelle assemblée des nations apparaîtra L'ÉGLISE ROMAINE, seule puissance héritière de tant de puissances déchues.

A la Croix, son inébranlable appui, elle réunira le sceptre tombé des mains des rois, le glaive brisé aux mains des peuples, et elle fera entendre sa voix suprême, infaillible, divine.

A ses enfants prosternés à ses pieds, elle montrera la terre rouge encore du sang des hommes et toute fumante de la colère de Dieu. En présence de ce redoutable souvenir, elle dira aux princes et aux sujets leurs devoirs et leurs droits; par qui ils règnent, à qui ils obéissent; ce qui les fait grands, ce qui les conserve heureux ; et puis, bénissant la Souveraineté retrempée à sa source et la soumission allégée par la foi, elle gravera sur le noble joug des peuples comme sur le saint diadème des rois l'éternelle devise de l'ordre et de la liberté :

LE CHRIST COMMANDE, IL RÈGNE, IL EST VAINQUEUR!!!

Le Comte O'MAHONY.

(*L'Invariable,* 1840.)

AVIS ESSENTIEL

Deux jours avant de lire l'épreuve du présent opuscule, nous recevions plusieurs communications inédites, recueillies par des personnages distingués par leur position sociale, leur science et leur profonde piété. Nous regrettons que l'espace nous manque pour annexer ici ces documents dans toute leur étendue. Nous nous bornerons à en extraire trois passages portant la lumière sur divers points de cette brochurette et de nos *Derniers Avis prophétiques*.

I. Au mois d'avril 1872, l'extatique d'Oria déclarait que la volonté actuelle de Dieu était de châtier de nouveau la France dans le mois de juillet suivant, mais que les signes décisifs ne lui ayant pas été montrés, il était possible que les ferventes prières pussent retarder les nouvelles épreuves.

II. Plus récemment, vers le commencement de juillet, Palma aurait annoncé que les événements de malheur étaient différés, par un effet de la miséricorde divine jusqu'à l'année prochaine. Notez que les preuves d'authenticité de cette assertion laissent peut-être à désirer aux exigeants.

III. Une religieuse Carmélite de Pau, favorisée des stigmates et du don de prophétie, vient de parler en ces termes : « Au mois de juillet les Prussiens envahiront de nouveau la France, puis l'Italie ; 2º L'Angleterre, la Russie et les États-Unis d'Amérique s'allieront à la France contre l'Allemagne ; 3º L'armée prussienne ou allemande sera tellement battue et décimée en Italie que l'on pourra dire qu'elle est anéantie ; 4º Enfin, dans le mois de septembre, la France possédera un Roi. »

Aujourd'hui, 10 août 1872, il est évident que ces annonces ne sont pas applicables à cette année. Or, en les conférant avec nos autres prophéties, nous les croyons très-probables, tant pour l'année prochaine que pour 1874.

Nous aimons à penser que les pèlerinages nationaux, à Lourdes et à la sainte montagne de la Salette, apportent un immense poids dans le plateau de la miséricorde de la balance divine, et que, pour cette raison, la sainte Vierge peut retenir le bras prêt à verser sur nous le plateau de la justice vengeresse.

LA GRANDE CRISE

ET

LE GRAND TRIOMPHE

PROLOGUE

> « Jetez les yeux sur les nations, et voyez. Préparez-vous à être surpris et frappés d'étonnement, car il va se faire, en vos jours, une œuvre que vous ne croirez pas lors même qu'on vous l'annoncera. »
>
> (HABAC. c. I, ŷ. 5.)
>
> « Il faut nous tenir prêts pour un événement immense dans l'ordre divin.... Les nations reviendront sous la loi du Christ, et nous touchons à la plus grande des époques religieuses, à une époque sacrée dans les fastes du genre humain, au plus grand événement du monde. »
>
> (DE MAISTRE, *Soirées de Saint-Pétersbourg*.)

La crise politique, sociale et religieuse qui se déroule vertigineusement depuis douze ans, touche à son dénoûment final par un double coup formidable : l'un de l'enfer, au profit et pour le malheur des séïdes de la Révolution; l'autre du ciel, en faveur et pour la gloire de l'Église romaine et de la vraie France.

Cent voix inspirées d'En-Haut affirment d'une manière positive que l'heure des plus solennelles expiations va sonner et produire le triomphe splendide du droit, de la vérité et de la justice. Les *Derniers Avis prophétiques*, que nous venons de publier, (1) démontrent amplement cette double assertion. Mais entre toutes les lumières surnaturelles renfermées dans cet opuscule, il y a trois jets que nous tenons à faire luire ici en un seul et humble faisceau accessible à tous, même aux plus déshérités de la fortune.

Puissent ces rayons précurseurs de la vengeance et de la miséricorde divines, éclairer et sauver au moins quelques-unes des âmes innombrables assises dans les ténèbres de l'erreur et à l'ombre de la mort !

I

Prophétie du Curé d'Ars.

Peu de temps avant sa mort, arrivée le 4 août 1859, le vénérable M. Vianney, curé d'Ars, près Lyon, prophétisa sur les événements douloureux et heureux que la justice et la miséricorde du Seigneur réservaient à la France. Il communiqua plusieurs de ses vues prophétiques à un bon paysan des environs de Rodez, qui, étant allé le consulter sur sa vocation, entra, d'après les conseils de l'homme de Dieu, dans la Congrégation des Prêtres de la Mission, en qualité de frère coadjuteur.

Les révélations qu'il recueillit de la bouche sainte du Curé d'Ars furent confiées au papier à différentes

1. *Les Derniers Avis prophétiques,* d'après 70 pièces (dont 20 inédites) précisant la solution de la crise actuelle, le règne de l'Antechrist et la fin du monde, 1 volume in-12 de 300 pages ; Paris, Palmé. — Prix 2 fr.

époques, c'est-à-dire au fur et à mesure qu'elles revenaient à la mémoire du bon frère. Elles sont reproduites intégralement dans la 4e édition des *Voix prophétiques*. Plusieurs se sont déjà réalisées textuellement. Les deux dernières communications rentrent seules dans notre cadre ; mais pour être plus intelligibles nous les fusionnons en un seul texte, renfermé scrupuleusement entre guillemets, et auquel nous adjoignons, entre parenthèses, nos propres interprétations. Nous n'offrons ce modeste travail que comme un simple essai susceptible d'amélioration. Il sera peut-être préféré aux deux paragraphes spéciaux que nous consacrons à ce précieux document dans nos *Derniers Avis*.

TEXTE FUSIONNÉ ET INTERPRÉTÉ.

« La grosse affaire n'est pas passée. Paris sera « changé » (par suite d'immenses ruines,) «et aussi « deux ou trois autres villes. » (Lyon et Marseille sont désignés par plusieurs prophéties.) (1) «Paris sera « démoli et brûlé tout de bon, pas tout entier cependant.» (Ainsi les ruines encore fumantes, accumulées par l'ignoble Commune parisienne de 1871, n'ont été qu'un petit essai !) «Il va y avoir de plus terribles « choses que celles que nous avons vues » (lors de l'invasion prussienne et du règne des communards). « Mais il y aura une limite que la destruction ne franchira pas. » (Dans cette destruction, le bras de Dieu

1. Voir les *Derniers Avis*, page 231 : Paris et Marseille, etc.

semble devoir intervenir directement par les élé-
ments, selon la prophétie Carthusienne, p. 172 des
Derniers Avis prophétiques.)

— On se demande naturellement où sera cette
limite. Or, le bon frère déclare ne pas le savoir.
— « Pourtant » ajoute-t-il, « nous serons en deça
« et je ne voudrais pas quitter la maison. » (On peut
donc conjecturer, par déduction, que le quartier
Saint-Sulpice et le faubourg Saint-Germain, au moins,
seront épargnés dans la destruction de la Babylone
moderne. Notre manière de voir pourra rassurer un
certain nombre de personnes, mais nous les prions de
se garder d'une confiance trop aveugle : elles pour-
raient avoir lieu de s'en repentir.)

« On croira que tout est perdu, » (lorsqu'éclatera la
grande et prochaine crise;) «et le bon Dieu sauvera
« tout, » (par l'événement miraculeux des ténèbres
dont il est question ci-après.) «Ce sera» (comme)
«un signe du Jugement dernier. » (Ce sera le jour de
la justice vengeresse, mais) « ce ne sera pas long ! »
(cela ne durera pas longtemps ! Le père Necktou, Ma-
rianne de Blois, la petite Marie, l'abbé Souffrant et
bon nombre de nos prophéties parlent dans le même
sens. C'est alors qu'aura lieu l'extermination des im-
pies et des sectaires de la Révolution.)

« Les ennemis» (les Prussiens) «ne s'en iront pas
tout à fait» (du territoire français, après leurs victoires de 1870-71. Les troupes allemandes occuperont
encore plusieurs départements, comme nous le
voyons, afin de garantir à la Prusse les versements
de l'indemnité de guerre.) « on» (le gouvernement
français) «voudra les faire partir plus tôt» (que le

15 mars 1875, par des garanties financières, pour le payement du dernier milliard, — garanties que le gouvernement prussien pourra déclarer insuffisantes; — ou «plus tôt» que le 15 mars 1874 ; — ou «plus «tôt» même que le 15 février 1873 (1), par suite de nouvelles conventions pouvant survenir;) «et» (alors) «ils» (les Prussiens) «demanderont davantage» (que la somme de cinq milliards, fixée dans le traité de Francfort,) «ou bien quelque autre chose» (comme par exemple la cession de Belfort, ou de quelqu'une de nos colonies;) «et ils reviendront» (encore en France, par une nouvelle invasion, par suite de la guerre intestine entre les divers partis politiques; ce sera probablement au moment de la grande crise et lorsque Henri V sera proclamé roi de France.) «Ils» (les Prussiens) «détruiront tout sur « leur passage ; on ne leur résistera pas, mais on les « laissera s'avancer, et après cela on leur coupera les « vivres et on leur fera éprouver de grandes pertes. « Cette fois, on» (la France fleurdelisée) «se battra « pour tout de bon ; car la première fois » (en 1870-71 « ils » (les Français impérialistes) «ne se seront pas « bien battus,» (c'est-à-dire sans avantages sur l'ennemi par suite de l'impéritie et de la couardise de Bonaparte, Le Bœuf, Bazaine et Cie, sans oublier les fous furieux Gambettistes;) «mais alors ils se bat- « tront» (avec succès, les français!) «oh ! comme ils « se battront!» (comme ils seront victorieux ! grâce au glorieux drapeau blanc de l'antique France.)

«Ils» (les Prussiens) «laisseront bien brûler Pa-

1. Ces dates sont calquées sur celles de la convention franco-allemande du mois de juillet 1872.

« ris, et ils en seront contents. » (Cette parole semble se rapporter aux incendies effectués par les communeux, en mai 1871, alors que le Prussien débordait de joie en voyant les flammes dévorer les palais de la capitale maudite. Cependant ce passage s'applique vraisemblablement aussi et peut-être encore mieux aux incendies à venir, lors du grand cataclysme.)

« Mais on les battra » (les Prussiens) « et on les chassera pour tout de bon » (de notre belle France, même de la Lorraine et de l'Alsace). « Ils se retire- « ront vers leur pays. On les accompagnera, » (on les poursuivra jusqu'au carrefour du Bouleau, en Westphalie, où se livrera la dernière bataille, disent les prédictions allemandes); « et il n'y en aura guère qui « rentreront » (dans leurs foyers, tant ils auront été décimés en France et dans leur dernière défaite); « alors on leur reprendra tout ce qu'ils auront enlevé, » (d'abord la Lorraine et l'Alsace, puis nos milliards,) « et même beaucoup plus. » (Voilà la glorieuse revanche après laquelle tout cœur français soupire ! Notre vaillante et brave armée sera alors à Berlin et Henri V sera couronné à Aix-la-Chapelle, comme l'annoncent des textes de nos *Derniers Avis prophétiques*. Or, cela arrivera dans l'une des années de 1873 à 1875 au plus tard.)

— M. Vianney dit encore à son confident : « On « voudra me canoniser, mais on n'en aura pas le «temps » (parce que la fin du monde est trop proche, ainsi qu'il est expliqué, page 274 et suiv. des *Avis*). « Je ne sais, ajouta-t-il, pourquoi je vous dis cela ; » (le vénérable Curé était le porte-voix de Dieu, sans y faire attention;) « mais le temps venu , » (de divulguer cette prophétie,) « vous vous en souviendrez, » (pour la transmettre dans les termes que je vous la confie,) « et vous serez bien tranquille » (heureux de posséder cette parole du ciel,) « ainsi que ceux qui « vous croiront » (soit en vous l'entendant rapporter de vive voix, soit en la lisant, notamment dans cette brochurette.)

II

Prophétie de l'extatique d'Oria.

Non loin de Naples, dans la ville épiscopale d'Oria, habite une humble veuve nommée Palma-Maria-Addolorata Matarelli. Elle est âgée d'environ quarante-sept ans et jouit d'une haute réputation de sainteté.

Depuis le 3 mai 1857, fête de l'exaltation de la Sainte-Croix, elle porte sur son corps les sacrés stigmates de Notre-Seigneur Jésus-Christ. Le sang qui s'échappe de ces saintes plaies, imprime partout où il tombe des images symbolico-religieuses qui plongent les hommes les plus incrédules dans une stupéfaction pleine d'admiration.

Il y a sept ans que cette femme extraordinaire n'a pris aucune nourriture matérielle. Elle conserve la vie par un miracle permanent. Chaque jour Notre-Seigneur *s'apporte* ostensiblement à sa fidèle épouse, sous la forme d'une hostie ordinaire. Dans le mois de juin dernier, M. l'abbé de B...., ancien vicaire général demeurant à A... (Somme), se trouvait à Oria, et fut l'heureux témoin d'une de ces communions merveilleuses. Du reste l'extatique communie tous les matins de la main d'un prêtre.

Elle est en communication surnaturelle avec Mélanie de la Salette et Louise Lateau, la stigmatisée de Bois-d'Haine, en Belgique. Elle est favorisée aussi du don de bilocation et douée d'une grande vue prophétique. Voici ce qu'elle a annoncé au vénéré et digne abbé de B.... : « Il y aura des massacres affreux « de prêtres et de religieux en Espagne, en France, en « Italie, et surtout dans la Calabre : *ce sera bientôt,* « NOUS Y TOUCHONS. » Puis, s'illuminant tout à coup, elle parla du bonheur du martyre avec des accents ineffables (1).

Quoique M. de B.... eût pour consigne de ne faire aucune question de curiosité à la voyante, il crut cependant pouvoir se hasarder à lui demander si ces massacres auraient lieu au mois de juillet, comme on le lui avait fait dire dans le journal l'*Univers* (2). « J'ai dit cela? fit-elle, je n'en sais rien ! Ce que je « dis dans l'extase, je n'en conserve pas le souvenir. « Je connais bien l'époque, mais je ne puis la révéler

1. Ces massacres sont prédits par d'autres âmes favorisées ; consulter nos *Avis prophétiques.*

2. L'article de l'*Univers* auquel M. de B... fait allusion, se trouve dans le n° du 17 mars 1872, mais il ne spécifie pas le massacre des prêtres, bien qu'il parle de « bouleversements horribles » et de « luttes sanglantes. » Dans notre dernier opuscule, nous considérons cet article comme chargé de fantaisie peu véridique. D'ailleurs l'*Univers* le rectifie dans un de ses n^{os} du mois d'avril. Palma n'a pas fixé de date. Il n'y a de vrai que la grande croix céleste et ses rayons de justice et de miséricorde ; mais la voyante n'a pas nommé alors les nations sur lesquelles ces rayons pouvaient s'irradier.

« sciemment.... Il y aura trois jours de ténèbres ; (1)
« pas un seul démon ne restera en enfer : tous en
« sortiront, ou pour exciter les bourreaux, ou pour
« décourager les justes. Ce sera affreux! affreux!!!
« Mais une grande Croix apparaîtra dans le ciel, et le
« triomphe de l'Église sera tel qu'il aura vite fait ou-
« blier tous les malheurs! »

La grande crise et le grand triomphe sont donc clai-
rement affirmés par la signora Palma. Mais son assertion relative à la sortie des démons de l'enfer, fera
sourire l'incrédulité moderne ; aussi croyons-nous
utile de remarquer brièvement ce qu'enseigne la théo-
logie catholique sur cette question trop peu connue,
même des bons chrétiens.

Suarez, en qui Bossuet voyait toute l'école, résume
la doctrine sacrée sur ce point, quand il dit : «Il est
absolument certain qu'une multitude de démons sont
répandus dans l'air. Tout bien considéré il est plus
probable qu'il n'y a point de démons qui soient toujours enchaînés dans l'enfer, ni d'autres qui soient toujours dans les régions aériennes ; mais tour à tour ils
sont déchaînés et enchaînés. Deux causes règlent tout
cela : les péchés des hommes et les épreuves que Dieu
permet pour le mérite de ses élus.»

Comme la mesure de la colère de Dieu est à son
comble, par suite des iniquités des hommes, le Dieu

---

1. Ténèbres physiques et pestilentielles, qui déjà ont été pré-
dites par sainte Hildegarde, Maria Taïgi, Élisabeth, Mora, etc.
Nous nous étendons sur ce sujet dans les *Avis prophétiques*.

L'annonce de ce fléau trouve, à cette heure, de nombreux
incrédules, même parmi les prêtres.

de toute justice peut donc être obligé d'accorder à tous les démons la faculté de sortir de l'enfer et de se répandre dans les airs, tant pour exciter la fureur des suppôts de Satan et en même temps les punir, que pour éprouver les justes au moment du grand cataclysme.

La vénérable Taïgi, Élisabeth Mora, Catherine Emmerich, Mélanie de la Salette, etc, parlent de cette avalanche des esprits du mal et de leur déchaînement sur le monde. Spécialement, la vision expliquée d'Élisabeth Mora confirme et élucide la prophétie de Palma. — Consulter *les Avis prophétiques.*

Sainte Françoise Romaine affirme qu'à l'époque des révolutions, Dieu permet, pour châtier les péchés des hommes, que les démons, en grand nombre, sortent des enfers, et ce sont les plus méchants : ils se répandent alors partout, soufflant dans les cœurs les dissensions, les haines, la guerre civile. Ainsi s'expliquent toutes les horreurs qui se commettent dans ces temps malheureux.

Notre-Seigneur dit un jour à Marie Lataste «Ma fille, craignez de vous laisser séduire par Satan ; il veut votre ruine et la ruine de tous les chrétiens. Depuis que je suis venu au monde pour battre en brèche son empire, il redouble d'efforts pour réduire mes conquêtes. Vains efforts, jamais il n'aura de pouvoir, d'autorité, d'entraînement que sur ceux qui voudront se donner à lui, se livrer à lui, marcher avec lui. Ma grâce repousse Satan, ma force l'épouvante, mon drapeau le met en fuite. Mon drapeau, c'est la croix ; attachez-vous à elle, et Satan fuira loin de vous. Ma force est la force de la croix, qui a vaincu la mort et l'enfer ; armez-vous de ma croix, et vous épouvanterez Satan. Ma grâce descend de la croix, puisez-y comme dans une source intarissable, et vous repousserez Satan. (1) »

Il faut donc nous tenir prêt à déployer toutes nos énergies spirituelles contre les ennemis de nos âmes. Il faut nous déterminer généreusement, par une constance invincible et une foi inviolable, à endurer les embûches et les tribulations qu'ils vont plus que jamais susciter contre nous. Lorsque le temps de l'épreuve fixé par Dieu sera passé, nous recevrons des grâces précieuses en récompense de notre fidélité dans la lutte. Dieu laisse les âmes fidèles en proie à l'épreuve, car il faut qu'elles expient aussi pour les pécheurs ; mais il ne les éprouve pas au delà de leurs forces et ce n'est pas pour leur perte. Au contraire, c'est afin de les épurer, de leur faire découvrir leur faiblesse, de les obliger de recourir sans cesse à la prière, de leur augmenter leurs mérites et d'embellir leur couronne éternelle. Car nul ne sera couronné s'il n'a vaillamment combattu (2).

1. *OEuvres*, livre IV, § VII.
2. II TIM., II, 5.

III

Dernières révélations de Mélanie de la Salette.

Depuis quelques années, l'humble et sainte Bergère de la Salette, la Révérende Sœur Marie de la Croix, réside, comme Palma, dans les environs de Naples.

Persécutée par les gallicans et la police brutale de Bonaparte, elle dut s'expatrier deux fois. Depuis son retour d'Angleterre, elle fut accueillie paternellement par le vénérable évêque de Castellamare-di-Stabia, où elle demeure en compagnie d'une sainte religieuse de Marseille, qui, par dévoûment pour Mélanie et par amour pour la très-sainte Vierge, a voulu la suivre dans son exil. Elles portent toutes deux le même costume religieux et sont sous l'obéissance immédiate de Monseigneur de Castellamare. Mélanie fait la classe à cinq ou six jeunes filles. Elle est favorisée continuellement de révélations célestes particulièrement sur l'avenir de la France. Elle se trouve aussi en relation fréquente avec l'extatique d'Oria, qu'elle n'a cependant jamais vue ; c'est donc surnaturellement qu'elle s'entretient avec celle-ci presque tous les jours.

Mélanie ne cesse de répéter que la société est à la veille des plus terribles malheurs. Par deux lettres que récemment nous avons eu l'honneur de recevoir de cette très-digne religieuse, elle nous affirme que la France va être broyée et affligée de fléaux dont on ne peut pas se faire une idée. (1) Elle annonce aussi que Paris va être détruit ; c'est pourquoi elle vient d'écrire à son frère qui l'habite, d'en partir au plus tôt. Elle s'inquiète aussi de sa bonne sœur Julie, qui est mariée à Marseille : elle la supplie de fuir cette ville, en toute hâte, parce qu'une catastrophe est imminente.

Une dame non moins distinguée par les qualités de l'esprit et du cœur, que par sa solide et fervente piété, nous informe charitablement, d'après une source semi-authentique, que Mélanie aurait annoncé de grands événements pour le mois d'août (prochain?) (2).

Déjà, au mois de juin dernier, Mélanie disait, dans une de ses lettres à sa sœur de Marseille : « Les mal- « heurs ne doivent pas tarder. Dieu écrasera les uns « et flagellera les autres, car nous sommes tous cou- « pables. Le châtiment sera général, mais il fondra « particulièrement sur les grandes villes. Prions la « sainte Vierge pour qu'elle soit avec nous au moment « du combat et de la grande épreuve. »

Au même temps, écrivant à l'un de nos excellents

---

1. Ces importantes et édifiantes lettres sont publiées avec commentaires dans les *Avis prophétiques.*

2. La charité de cette pieuse dame nous communique une lettre que le vénérable Curé de Malétable (Orne), vient de lui adresser. En voici quelques lignes, qu'on ne saurait assez méditer :

« Madame, je vous loue de votre confiance en Notre-Dame de la Salette. Si les prêtres et les fidèles avaient profité comme ils le devaient des reproches qu'elle a faits contre nos profanations du dimanche et autres crimes, la France ne serait pas si malade. Les larmes de la Mère n'ont pas attendri le cœur des enfants. Pour nous ouvrir les yeux, elle nous obtient des grâces partout

amis d'Alsace, aussi vrai Français que parfait chrétien, Mélanie s'écriait :

« ... Nous sommes tous coupables ! on n'a pas fait
pénitence ; le mal augmente toujours. Ceux qui de-
vraient se montrer pour le bien ont peur. Le mal est
grand. Un châtiment mitigé ne sert qu'à irriter les
esprits, car on regarde toute chose à la manière humaine. Sans châtiment, Dieu pourrait faire un miracle
pour convertir et changer la face de la terre. Dieu
fera un miracle : ce sera un coup de sa miséricorde,
mais après que les méchants se seront enivrés de
sang. Les fléaux arriveront. Et quels seront les pays
préservés ? Où devrons-nous aller ?... Je demanderai
à mon tour quel est le pays qui observe les comman-
dements de Dieu   Quel est le pays qui ne craint pas
l'homme quand il s'agit des intérêts de l'Église, de la
gloire de Dieu ?....

« Nous sommes bien coupables ! Aussi est-il né-
cessaire qu'un grand et terrible fléau (1) vienne
réveiller notre foi et nous redonner la raison que
nous avons presque entièrement perdue. Les mé-

---

où on l'invoque sous le titre de Notre-Dame de la Salette. Le
pèlerinage de Notre-Dame de la Salette de Malétable a ceci de
particulier que les guérisons les plus extraordinaires sont fré-
quemment obtenues après la promesse faite d'éviter tout travail,
toute vente ou achat le dimanche et d'être exact aux deux offices...
On ferait un livre entier du récit des guérisons obtenues dans
notre église après cette promesse... On est sur le point d'achever,
à Malétable, la tour de Notre-Dame de la Salette qui, comme
l'église, a été *révélée* trois fois en plein jour. Une messe est dite
chaque semaine pour les bienfaiteurs, etc. »

1. C'est vraisemblablement le fléau des ténèbres pestilentielles dont il est question plus haut.

chants sont dévorés du besoin d'exercer leur cruauté; mais, quand ils seront dans le plus fort de leur barbarie, Dieu lui-même y mettra la main et, bientôt après, les hommes qui survivront seront tous changés.

« Alors on chantera le *Te Deum laudamus* de la plus vive reconnaissance et de l'amour. La vierge Marie, notre Mère, sera notre libératrice ; la paix régnera et la charité de Jésus-Christ unira tous les cœurs.

« L'Alsace redeviendra française (1). Prions, prions. Dieu ne voudrait pas nous châtier si sévèrement! Il nous parle en tant et tant de manières pour nous faire revenir à Lui !... Jusques à quand aurons-nous la tête dure ?

« Prions, prions et ne cessons de prier et d'expier. Prions pour notre Saint-Père le Pape, la seule lumière des fidèles dans ces temps de ténèbres. Oh! oui, prions beaucoup ! Prions la bonne, la douce, la miséricordieuse Vierge Marie : nous avons grand besoin qu'elle tienne sa puissante main sur nos têtes ! »

Enfin, la Révérende Sœur Marie de la Croix a dé-

____

1. Ceci annonce implicitement des revers immenses pour la Prusse ; or, ils sont prophétisés ci-dessus d'une manière évidente par le saint Curé d'Ars. De son côté, le grand Pie IX vient de les prédire ces revers, quand, dans une audience publique, en parlant de l'empire d'Allemagne, Sa Sainteté s'écriait : « Une pierre se détachera de la montagne et renversera le colosse. » Qu'on retienne cette parole! elle s'accomplira, car elle s'harmonise parfaitement avec les signes célestes et les vitres miraculeuses d'Allemagne et d'Alsace, ainsi qu'avec toutes les autres voix inspirées annonçant l'effondrement de l'empire tudesque, cet hypocrite persécuteur de la sainte Église catholique ! — Consulter les *Avis prophétiques*.

claré à M. l'abbé de B...., lorsqu'il passa à Castellamare en revenant d'Oria, qu'elle ne dévoilait pas tout le contenu de son SECRET « parce qu'il contient de tels secrets de la miséricorde divine qu'en les apprenant, les hommes au lieu de prier pour conjurer les événements malheureux, auraient hâte de les voir arriver, afin de jouir plus vite du triomphe inouï de l'Église. »

Ces annonces terribles et consolantes tout à la fois, se passent de commentaires. Mais, courage et confiance ! crions-nous de toute notre âme aux nobles villes de Strasbourg et de Metz, et à tous nos frères de Lorraine et d'Alsace dont le cœur bat et battra toujours pour la mère-patrie. Oui, courage et confiance *Sursum corda !* car la revanche nationale ne tardera pas, grâce au retour prochain du drapeau blanc de la vraie France, du drapeau fleurdelisé qui a fait et refera l'unité de la grande Nation ! Des oracles célestes, en nombre considérable, nous apportent cette douce et infaillible espérance, comme naguère l'illustre et révérend Père Monsabré le prophétisait lui-même, du haut de la chaire de la cathédrale de Metz, dans la péroraison pleine d'éloquence patriotique de son discours de clôture quadragésimale. C'était le saint jour de Pâques de 1871 : les Messins ne l'oublieront jamais. Écoutez :

« .... Les peuples aussi ressuscitent quand ils ont été baignés dans la grâce du Christ, et quand — malgré leurs vices et leurs crimes — ils n'ont pas abjuré la foi, l'épée d'un *barbare* et la plume d'un *ambitieux* ne peuvent pas les assassiner pour toujours.

« On change leur nom, mais non pas leur sang.

Quand l'expiation touche à son terme, ce sang se réveille et revient, par sa pente naturelle, se mêler aux courants de la vieille vie nationale.

« Vous n'êtes pas morts pour moi, mes frères, mes amis, mes compatriotes !... Non, vous n'êtes pas morts ! Partout où j'irai, je vous le jure, je parlerai de vos patriotiques douleurs, de vos patriotiques aspirations, de vos patriotiques colères ; partout je vous appellerai des Français, jusqu'au jour béni où je reviendrai dans cette cathédrale, prêcher le sermon de la délivrance et chanter avec vous un *Te Deum* comme ces voûtes n'en ont jamais entendu. »

Voici un passage de la correspondance envoyée de Rome à *l'Univers* qui vient à point pour nous confirmer que le triomphe n'est pas éloigné.

On raconte un fait que je dois rapporter en l'accompagnant des réserves dont il convient de ne pas se départir.

Dans un couvent de Clarisses à Assise, une religieuse morte depuis peu serait apparue à la mère abbesse et lui aurait dit à peu près ceci :

« Pie IX a fait vœu de se rendre à Lorette pour remercier la Vierge si, par son intercession, Dieu daigne accorder à l'Église le triomphe. L'an prochain, Pie IX ira à Lorette. Pressez donc la restauration de l'Église, car il passera par ici et la visitera. »

L'abbesse ayant raconté ces choses au général de l'ordre, celui-ci les aurait communiquées à Sa Sainteté.

— « J'ai fait ce vœu, aurait répondu simplement le Pape, cela est vrai, et j'espère que Dieu m'accordera d'aller remercier la Vierge de Lorette l'an prochain. »

Relata refero.

ÉPILOGUE

« Lorsque les crimes se sont accumulés jusqu'à un certain point marqué, l'Ange exterminateur presse sans mesure son vol. »

(DE MAISTRE.)

« Allez, allez, allez contre ceux qui insultent mon nom,
méprisent ma sainteté, profanent ma foi, falsifient mon
rite, violent ma loi, abusent de mon culte, transforment
ma vérité et méprisent ma clémence. Allez, allez, allez
contre les coupables qui sont les ennemis de ma justice et
de ma loi. Qu'ils soient enlevés du nombre des vivants!
Allez, allez, oui, allez! Mon courroux sera calmé par la
justice. Donc, justice! oui justice!... »

(Révélations de LAZZARETTI, Derniers Avis, p. 219.)

« Que l'homme espère en Dieu et fasse pénitence, car le
Seigneur tout-puissant est miséricordieux et tirera le
monde du chaos, et un Monde Nouveau commencera. »

(Prop. CARTHUS. Derniers Avis, p. 174.)

A cette heure tristement solennelle, gardons-nous
bien d'être du nombre incalculable, hélas! des opti-
mistes endormis et endormeurs. Les honnêtes gens
dorment aussi devant l'imminence des cataclysmes :
devant même les légions *radicailles*. Mais disons hau-
tement à tous : Vous vous réveillerez au cliquetis des
armes meurtrières et sous les coups de la mort et des
épouvantements....

Recueillons-nous, âmes fidèles. Prions plus que
jamais. Préparons-nous aux nouveaux châtiments de
la Justice vengeresse, mais attendons avec confiance
et en toute certitude le prochain triomphe de l'Église
et du principe sacré de la légitimité, ainsi que la ré-

génération des nations et des individus par une intervention divine manifeste, qui obligera le monde entier à s'écrier : LE DOIGT DE DIEU EST LA ! *Digitus Dei est hic !* TU SOLUS DOMINUS ! TU SOLUS MAGNUS ! TU SOLUS ALTISSIMUS !

Alors la France se consacrera officiellement au Sacré-Cœur de Jésus, par la bouche auguste du Roi Très-Chrétien ; et au frontispice de la basilique qui attestera aux yeux de l'univers la solennité de ce vœu national, les peuples liront cette consolante inscription :

AU CHRIST ET A SON SACRÉ-CŒUR,

LA FRANCE PÉNITENTE ET CONSACRÉE.

CHRISTO EJUSQUE SACRATISSIMO CORDI
GALLIA PŒNITENS ET DEVOTA.

Reims, ce 21 juillet 1872.

Fête de saint Victor de Marseille.

A. M. D. G.

APPENDICE.

Vision inédite de Marie ***

M. H... d'E... nous a transmis, par sa lettre du 28 juillet 1872, copie d'une révélation écrite par la personne qui en fut favorisée et qui doit bientôt diriger une grande œuvre, sur laquelle elle reçoit de nombreuses communications célestes depuis 1864. Ce document inédit fut remis à M. H... par l'un des respectables directeurs de la Voyante. Il s'harmonise parfaitement avec bon nombre de nos prophéties, notamment avec celles relatives à la prochaine destruction de Paris. Cependant nous ne le publions que sous nos réserves habituelles, et pour lui donner, par l'impression, une date authentique d'existence.

TEXTE.

Paris, le 8 juillet 1872.

Mon Père, cette nuit, vers minuit ou une heure, je me suis levée, ne pouvant dormir à cause de l'extrême chaleur. Quand je fus levée, une lumière subite éclaira la chambre, et un homme vêtu de rouge et dont les vêtements étaient mouillés se présenta devant moi. J'avais peur. Par trois fois j'appelai Z...;

maïs Z... ne répondait pas. Alors cet homme me dit :
« N'aie donc pas peur, Marie....., aie donc confiance...,
« sois sans crainte.... : je suis le Bien-Aimé de ton
« âme. » — Pourquoi, lui ai-je demandé, êtes-vous
vêtu de rouge? « — Ah! » m'a-t-il répondu en soupi-
rant, « c'est que je foule le pressoir et personne ne
« veut m'aider. La vigne est chargée de fruits, il y a
« beaucoup de monde pour les cueillir., mais per-
« sonne pour en exprimer le jus. Aussi ai-je juré dans
« ma colère que personne ne boirait de mon vin, ni du
« jus que j'aurai foulé aux pieds. »

Je vis alors sept hommes ayant des ailes (1). Ils te-
naient chacun un encensoir rempli de charbons
ardents. Il y avait trois de ces hommes de chaque
côté de notre bon Maître, et l'autre était placé derrière
lui.

Notre bon Maître prit un de ces encensoirs, et je vis
la grande cuve au vin. Il le trempa dans la cuve;
puis, prenant un charbon de cet encensoir, il le mit
dans un autre encensoir et en fit autant pour chacun
des cinq autres. Quand ceci fut terminé, il dit au pre-
mier de ces hommes : «Lance ton encensoir.» Et
voilà qu'il en sortit une grande quantité de mouches.
Le bon Maître dit à celles-ci : «Allez exécuter mes
« ordres et enseignez aux hommes qu'ils doivent
m'obéir.» Les mouches partirent et revinrent bientôt
après, en disant : «Seigneur, nous avons fait ce que

---

1. Ce sont les mêmes que les sept anges exterminateurs
dont il est question dans les *Avis prophétiques*, p. 218. Ils sont
chargés de frapper de fléaux les hommes, les animaux et les
plantes; de déverser sur le monde coupable la cuve de la colère divine pour le ramener à résipiscence.

«vous avez commandé, et l'homme a répondu : *Non
serviam.*» Notre bon Maître les bénit, et elles s'en
allèrent.

Ensuite il appela un autre homme ailé. «Lancez,»
lui dit-il, «votre encensoir.» En le lançant, il en sortit
une grosse vapeur noire. Notre bon Maître dit :
« Vapeur, va sur la terre, touche les animaux et les
« hommes ; apprends-leur à m'obéir. » La vapeur
partit et revint bientôt après. « Seigneur,» dit-elle,
« j'ai exécuté vos ordres, et l'homme a répondu : *Non
« serviam.*» Le bon Maître la bénit, et elle s'en alla.

Le bon Maître ayant appelé le troisième homme,
lui dit : «Lance ton encensoir.» Quand il fut lancé,
il en sortit beaucoup de petits insectes. Le bon Maître
leur dit : «Allez sur la terre, touchez les plantes et
« apprenez aux hommes à m'obéir.» Les insectes partirent et revinrent bientôt après, en disant : «Seigneur,
« nous avons exécuté vos ordres, et l'homme a répondu : *Non serviam.*»

Alors, se tournant vers les trois hommes de sa
droite, Notre-Seigneur leur parla en ces termes :
« L'homme a dit dans son impiété : Je régnerai; et
« moi je lui ai dit : Tu serviras ; et il s'est moqué de
« moi en branlant la tête. C'est pourquoi vous allez lan-
« cer vos encensoirs, et peut-être alors reconnaîtra-t-il
« enfin qu'il faut servir.» Les trois hommes lancèrent
leurs encensoirs, et voilà surgissant une multitude
innombrable de chevaux, d'hommes et de femmes
avec des épées. Le Seigneur leur dit : « Parcourez la
« terre, frappez sur votre passage, afin que l'homme
« apprenne à servir.» Ils partirent, et à leur retour
ils dirent tous ensemble : «Nous avons combattu en

« vain, car l'homme n'a pas même daigné nous ré-
« pondre; vengez-vous donc, Maître, car il y va de
« votre gloire. Vengez-vous vous-même. » Notre bon
Maître les bénit, et ils s'en allèrent.

Enfin le septième homme s'avança avec son encensoir. Le bon Maître lui dit : «Remuez tout le vin de la
« cuve avec votre encensoir et laissez-le déborder. »
L'homme obéit. Et voilà que le vin bouillait et se
changeait en flamme. Alors le bon Maître dit au feu:
« Va, dévore toutes les places où l'iniquité a été com-
« mise; purifie tout; n'épargne que la centième par-
« tie de chaque chose.» Et voilà qu'en gros tourbil-
lons, tout le feu partit. Un cri aigu se fit entendre, et
le bon Maître s'écria : « Tout est consommé! tout est
« sauvé!.... Ville infortunée! si tu avais voulu!....
« Homme ingrat! si tu m'avais écouté!.... »

« — Maintenant, ô mes enfants! écoutez : il est
« temps de fuir. Fuyez donc.... Au plus tôt, fuyez,
«   préparez...

— Où voulez-vous que nous fuyions, bon Maître?

« — Sortez et fuyez, vous avez un guide.... Retenez
« bien qu'il faut fuir. Sortez d'ici, mes colombes,
« vous ne devez plus habiter la grande Ville....
« Fuyez!....»

PRIÈRES.

Divine Eucharistie, Pain des Anges, manne des cieux, je vous fais amende honorable pour tous les outrages qui vous sont faits en Europe. Daignez m'accorder le pardon que j'implore et m'exempter de tous les maux annoncés. Amen.

Auguste Reine des cieux, Souveraine maîtresse des Anges, vous qui, dès le commencement, avez reçu de Dieu le pouvoir et la mission d'écraser la tête de Satan, nous vous le demandons humblement, envoyez vos légions saintes pour que sous vos ordres, et par votre puissance, elles poursuivent les démons, les combattent partout, répriment leur audace et les repoussent dans l'abîme.

Qui est comme Dieu?

Saints Anges et Archanges, défendez-nous, gardez-nous !

O bonne et tendre Mère ! vous serez toujours notre amour et notre espérance. O divine Marie ! envoyez vos anges pour me défendre, et repoussez loin de moi le cruel ennemi. Ainsi soit-il.

Notre-Dame de la Salette, priez pour nous.
Notre-Dame de Lourdes, priez pour nous.
Notre-Dame du Pontmain, priez pour nous.
Notre-Dame du Sacré-Cœur, priez pour nous.

PARIS. — IMP. VICTOR GOUPY, RUE GARANCIÈRE, 5.

90

9 782012 469907